(N° 308)

COLLECTION DE M. L. T.

*Vente du Jeudi 26 Juin 1913*

HOTEL DROUOT — SALLE N° 7

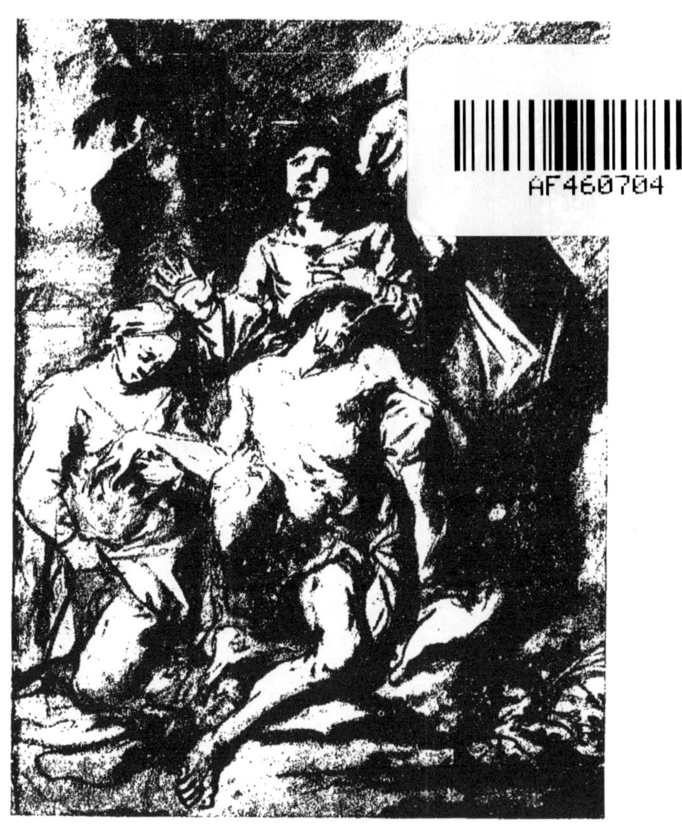



N° 35 du Catalogue.

# DESSINS
## ANCIENS

M^es F. LAIR-DUBREUIL et ANDRÉ DESVOUGES — M. LOYS DELTEIL

EXPOSITION PUBLIQUE, HOTEL DROUOT, SALLE N° 7

*Le Mercredi 25 Juin 1913, de 2 heures à 6 heures*

FRAZIER-SOYE

GRAVEUR-IMPRIMEUR

153-155-157, Rue Montmartre

PARIS

# CATALOGUE

DES

# DESSINS
# ANCIENS

PAR OU ATTRIBUÉS

A

BAROZZIO, BIBIENA, J. BOTH, BREUGEL, CASANOVA,
A. VAN DYCK, L. GIORDANO, GREUZE,
LE GUERCHIN, C. GUYS, N. LANCRET, LE BRUN,
G. MAES, MOUCHERON, A. VAN OSTADE,
PANINI, P. ZUAST, REMBRANDT VAN RIJN, Sir J. REYNOLDS,
J.-B. et D. TIEPOLO, TITIEN, P. VÉRONÈSE, etc.

---

*Dont la vente aura lieu*

à Paris, HOTEL DROUOT, Salle N° 7
Le Jeudi 26 Juin 1913
*à 2 heures précises*

---

Par le Ministère de

Mᵉ F. LAIR-DUBREUIL
COMMISSAIRE-PRISEUR
*6, Rue Favart, 6*

Mᵉ André DESVOUGES
COMMISSAIRE-PRISEUR
*26, rue de la Grange-Batelière*

Assistés de M. LOYS DELTEIL, Graveur et Expert

*2, Rue des Beaux-Arts*

# CONDITIONS DE LA VENTE

---

Elle sera faite au comptant.

Les adjudicataires paieront *dix pour cent* en sus des enchères.

M. Loys Delteil remplira les commissions que voudront bien lui confier les amateurs ne pouvant y assister.

MM. les Amateurs pourront visiter la Collection, 2, *rue des Beaux-Arts*, du Mardi 17 au Mardi 24 Juin 1913, de 2 heures à 5 heures (*Le Dimanche excepté*).

---

Exposition Publique, Hôtel Drouot, Salle N° 7,
*le Mercredi 25 Juin 1913, de 2 heures à 6 heures.*

---

N.-B. — Les dessins composant cette collection sont tous encadrés — à de rares exceptions — dans des cadres anciens, quelques-uns en bois sculpté.

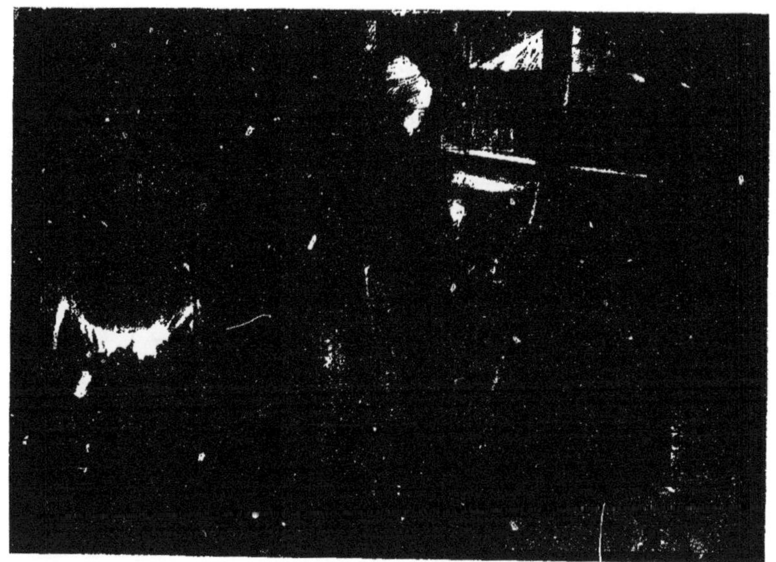

N° 75 du Catalogue.

# DÉSIGNATION

---

### ALBANE (attribué à l')

1. La Salutation angélique. A la plume, lavé de sépia.

L. 280. H. 205.

### ALLORI (Alessandro)

2. David tenant la tête de Goliath. A la plume.

H. 363. L. 250.

### ASCH (J. van)

3. L'Adoration des Bergers. A la plume.

L. 288. H. 227.

### BANDINELLI (attribué à B.)

4. Un Prophète. A la plume.

H. 243. L. 154.

### BAROZZIO (Fréd.)

5. Un Ange. Plume et sépia. Collection du Baron Portalis.

H. 237. L. 165.

### BIBIENA (F. G.)

6. Intérieur d'un Palais. Plume et sépia.

H. 230. L. 240.

### BISCHOFF

7. L'Émigration. A la sépia. Signé : *J. Vander Does Invenit — Bischoff fecit.*

L. 332. H. 242.

### BAUDUINS (attribué à A. F.)

8. Site d'Italie. Plume et encre de Chine.

L. 417. H. 266.

### BLOEMAERT (Abr.)

9. Etude pour un Christ mort. Crayon. Signé. Collection E. Utterson.

L. 260. H. 144.

10. Délivrance de St Pierre. Plume et sépia.

L. 290. H. 208.

### BLOEMEN (P. van)

11. Paysan et son cheval. A la sanguine.

L. 157. H. 102.

**BOL** (École de Hans)

12. Paysage accidenté. Encre de chine, avec rehauts de gouache.

L. 363. H. 255.

**BOTH** (Jean)

13. Les Grands rochers. Plume et encre de chine.

L. 534. H. 388.

**BOUCHER** (François)

14. Etude pour une figure de St Joseph. A la sanguine.

H. 230. L. 194.

**BRAUWER** (attribué à Adr.)

15. Les Chanteurs. A la sanguine.

L. 142. H. 138.

**BREUGEL** (D.)

16. Le Repos sous les arbres. A la plume, lavé d'encre de chine.

H. 335. L. 245.

**BUONAROTTI** (Ecole de Michel-Ange)

17. Groupe de personnages pour une décoration de la Chapelle Sixtine. A la plume.

L. 297. H. 198.

**CABEL** (Adrien Vander)

18. Paysage. De forme ronde. A l'encre de chine.

Diam. 202.

**CAMBASIO**

19. Ste Famille. Plume et sépia. De forme ovale.

L. 210. H. 165.

20. La Famille. A la plume.

L. 305. H. 215.

## CAMPAGNOLA (attribué à D.)

21 Saint en prières. Plume et sépia.

H. 197. L. 145.

## CANTA-GALLINA (Remi)

21 *bis*. Le Charlatan. A la plume.

L. 362. H. 228.

## CARAVAGE (Polydore de)

22. Un Sacrifice. Plume et sépia.

H. 255. L. 192.

## CARRACHE (Annibal)

23. Groupe de personnages dans un paysage. A la plume.

L. 195. H. 125.

## CASANOVA (F.)

24. Combats de cavalerie. Deux dessins à la plume, lavés de sépia, se faisant pendants.

L. (de chaque dessin) 235. H. 145.

## CONSTANTIN D'AIX

25. Les deux Anachorètes. Plume, sépia et encre de chine.

H. 550. L. 440.

26. Le Pont rustique. Plume, sépia et encre de chine.

L. 413. H. 305.

### CORNEILLE (attribué à J. B.)

27. Repos de la Sainte-Famille. Sépia et gouache.

L. 362. H. 270.

### COYPEL (Antoine)

28. Jésus et les petits Enfants. A la plume, lavé d'encre de chine.

H. 292. L. 230.

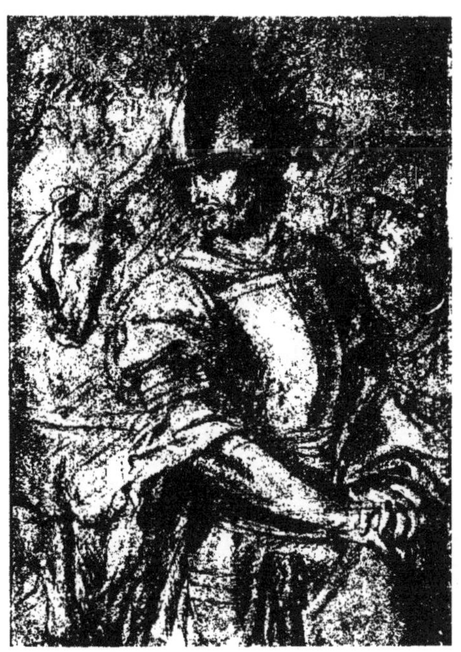

N° 37 du Catalogue.

### DAVID (Ecole de)

28 *bis*. Scène de l'histoire ancienne. Plume et encre de chine.

H. 168. L. 111.

### DECAMPS (d'après)

29. Village de Turquie.

### DIETRICY (C. W. E.)

30. Le Serpent d'airain. Plume et sépia. Signé.

L. 367. H. 295.

### DOES (Jacques van der) ?

31. L'Annonce aux bergers. A la sépia.

L. 300. H. 280.

### DOMINIQUIN (Ecole du)

32. La Communion. A la plume.

H. 215. L. 162.

### DUMONT LE ROMAIN (J.)

33. Virginius tuant sa fille — Scène de l'histoire ancienne. Deux dessins à la sépia, se faisant pendants.

L. (de chaque dessin) 548. H. 407.

### DYCK (Ant. van)

34. Jésus au pied de la Croix. A la plume. Collection Christine de Suède.

L. 240. H 180.

35. Le Christ pleuré par la Vierge, la Madeleine et S<sup>t</sup> Jean. A la sépia.

H. 362. L. 268.

36. Un ange montrant à S<sup>t</sup> François les stigmates du Christ. A la plume. Collection de la reine Christine et J. Reynolds.

L. 335. H. 203.

37. Groupe de soldats. A la pierre noire.

H. 252. L. 176.

EECKOUT (G. van) ?

38. Jésus devant Pilate. A la sépia.

L. 182. H. 134.

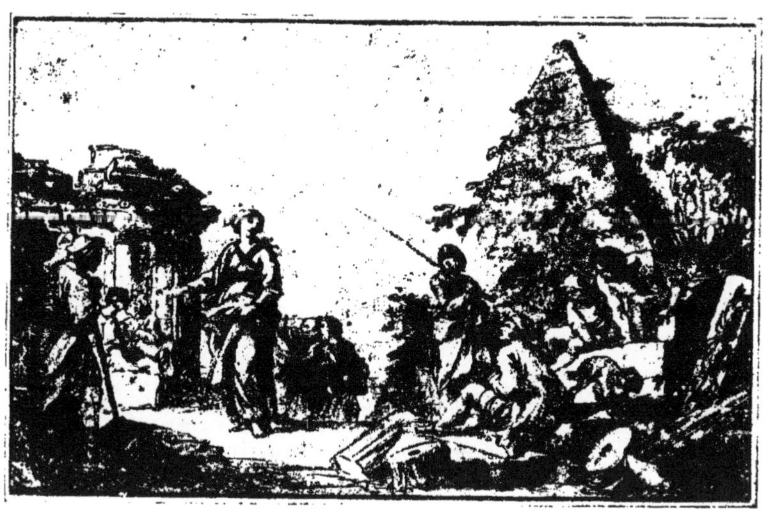

N° 84 du Catalogue.

F. I. S. T. (Monogramme)

39. Ste Thérèse enlevée au Ciel. Sépia. *Signée.*

H. 336. L. 200.

GIORDANO (Lucas)

40. Scène de l'histoire ancienne. Plume et sépia.

L. 385. H. 195.

GOLTZIUS (attribué à H.)

41. La Foi. Plume et sépia.

H. 204. L. 136.

### GOYEN (attribué à van)

42. Coin de Village. Crayon.

L. 276. H. 160.

### GREUZE (J. B.)

43. Etude de tête pour la *Belle-Mère*. A la sanguine.

L. 455. H. 325.

44. Etude de tête pour le Fils puni. A la sanguine. Collection Ch. Drouet.

H. 405. L. 312.

### GREUZE (attribué à J. B.)

45. Etude pour le Marquis de Sombreuil. Crayon avec légers rehauts de blanc.

H. 385. L. 173.

### GREUZE (Ecole de J. B.)

46. Buste de jeune garçon. A la sanguine.

### GUERCHIN (F. Barbieri, dit le)

47. Le Maître, par lui-même. A la plume.

H. 223. L. 183.

48. Les Funérailles d'un religieux. A la sépia. Collection Vallardi.

L. 410. H. 285.

49. Paysage aux deux tours. A la plume.

L. 405. H. 242.

### GUIDE (École du)

50. La Vierge, l'Enfant Jésus et St Jean. A la plume, lavé de bistre.

H. 190. L. 155.

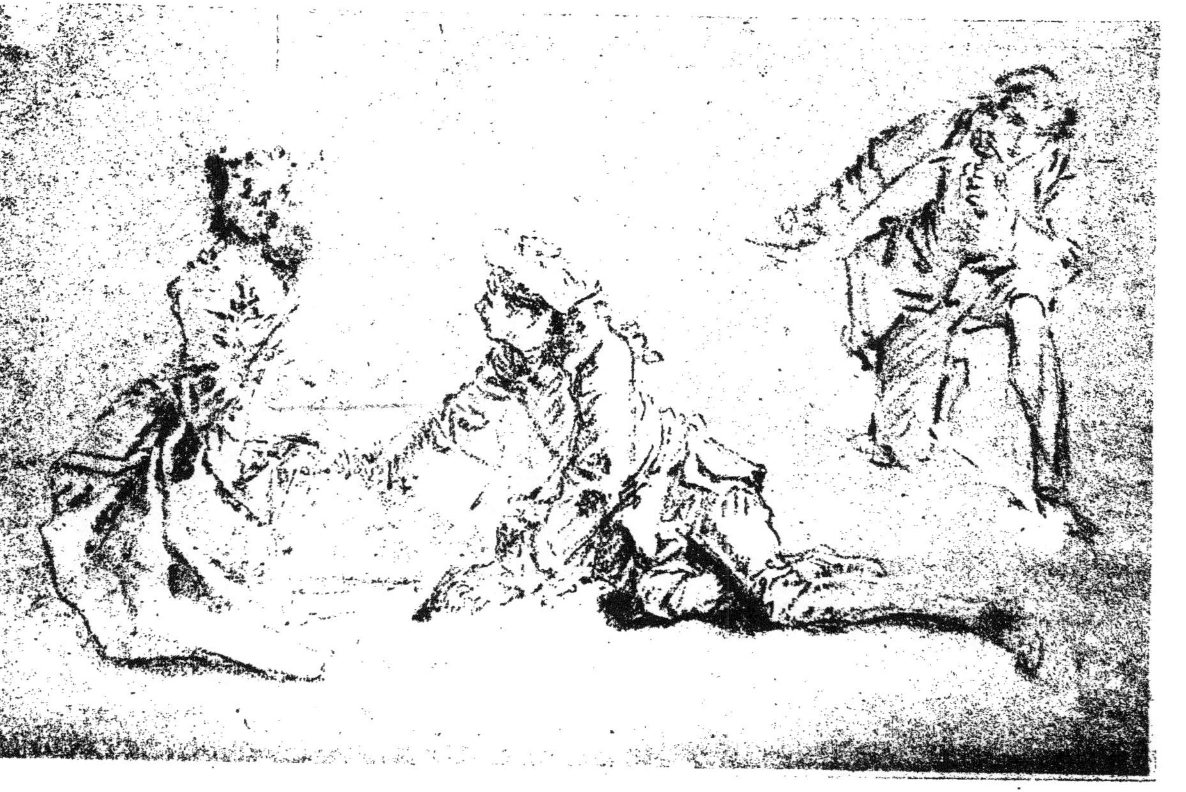

N° 57 du Catalogue.

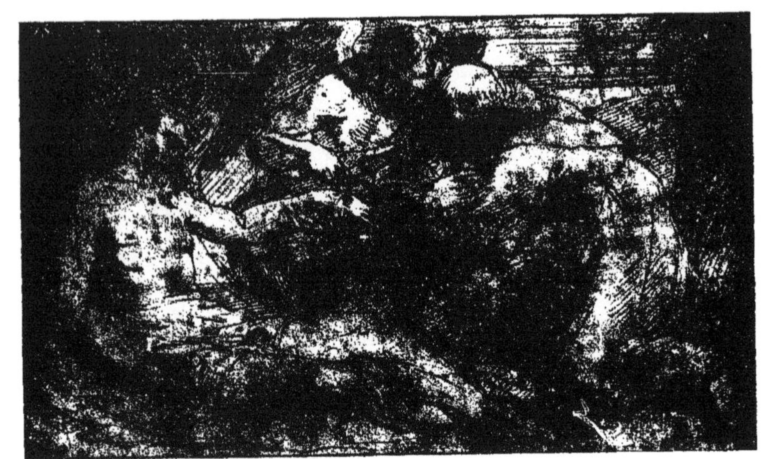

N° 36 du Catalogue.

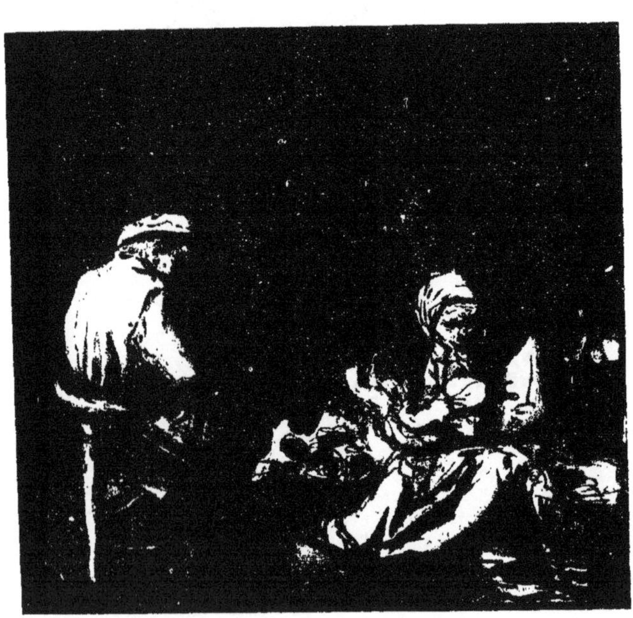

N° 82 du Catalogue.

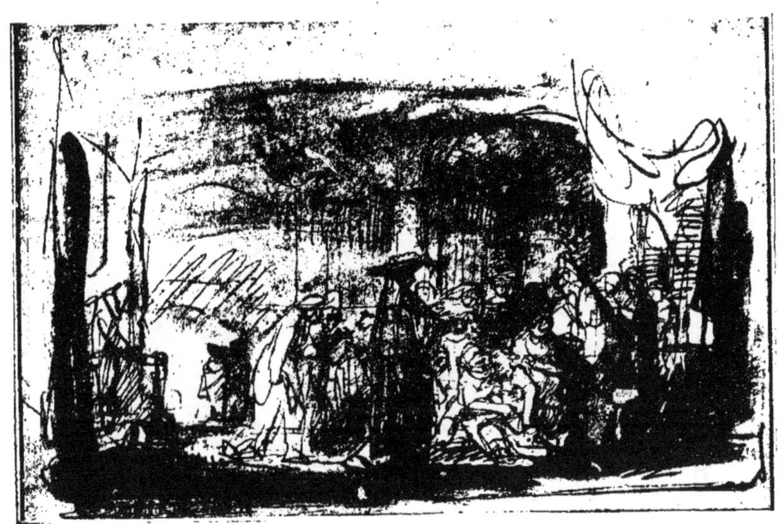

N° 93 du Catalogue.

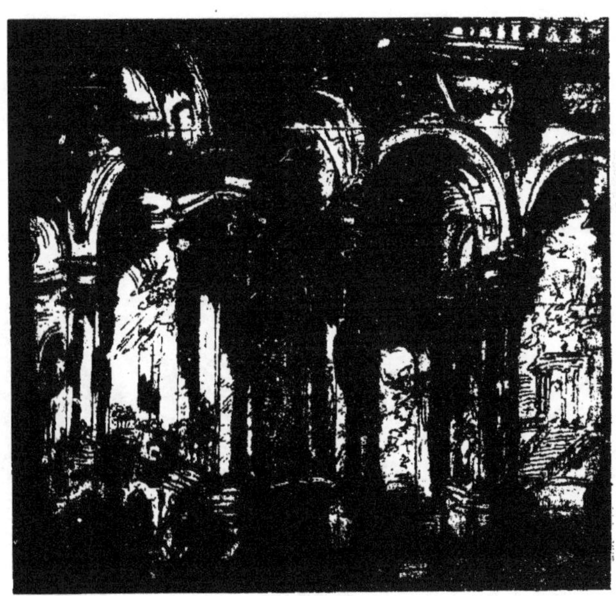

N° 6 du Catalogue.

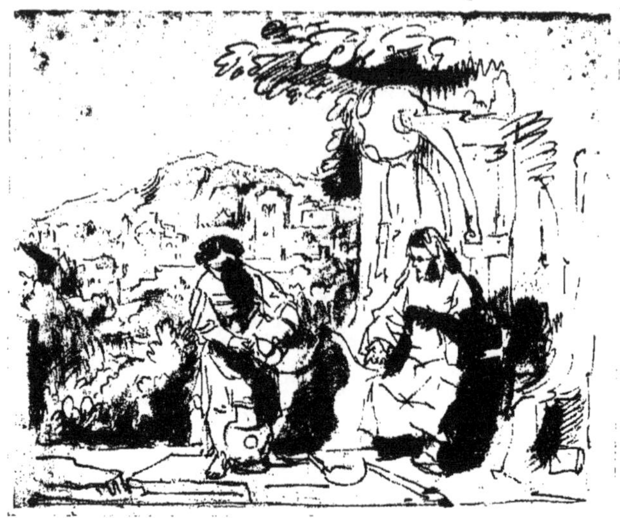

N° 94 du Catalogue

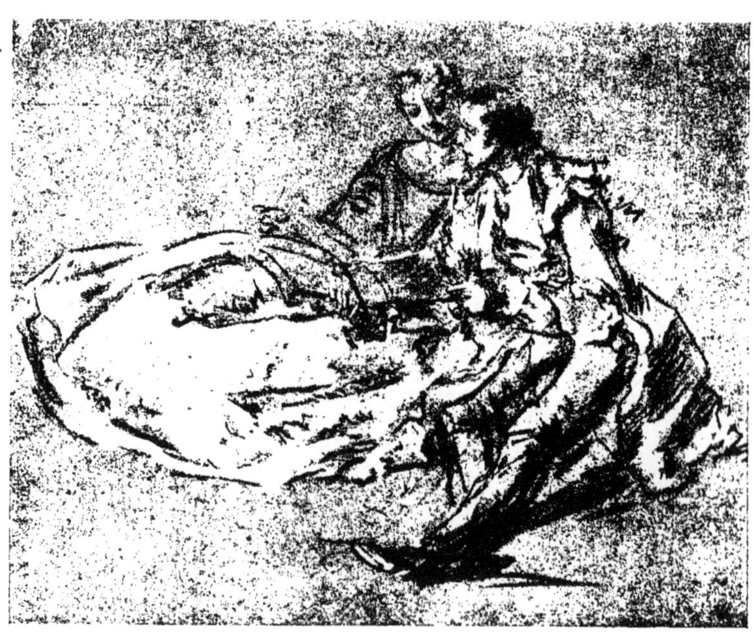

N° 58 du Catalogue

### HÆFTEN (N. van).

51. Le Benedicité. A la sanguine,

### HARMS (Jean Oswald)

52. Paysage d'Italie. Plume et encre de chine, *signé* et daté : 1673.

L. 382. H. 247.

### HUET (Attribué à J.-B.)

53. Paysage. Crayon noir avec rehauts de blanc.

H. 460. L. 312.

### JOUVENET (Jean)?

54. L'Incrédulité de St Thomas. A la sépia.

L. 357. H. 238.

### LAGRENÉE LE JEUNE (L.)

55. Agar et l'Ange. A la plume, lavé de sépia.

L. 235. H. 156.

---

## Collections de MM. L*** et B*** et de Mme X***

(Nos 56 à 70).

### DUVERGER

56. *Brigands conduisants* (sic) *les grains des Lazaristes à l'hôtel de Soissons après avoir pillé leur maison le 13 Juillet 1789, dessiné par Duverger.* Deux dessins, lavés d'aquarelle et d'encre de chine.

L. (de chaque dessin) 433. H. 424.

## LANCRET (Nicolas)

57. Les Galants. Crayon noir avec rehauts de blanc. Collection O. Le May.

L. 365. H. 335.

58. L'Album. Crayon noir avec rehauts de blanc. Collection O. Le May.

L. 270. H. 225.

59. Deux études d'une femme assise à terre. Deux dessins au crayon noir avec rehauts de blanc, dans le même cadre. Collection O. Le May.

## ÉCOLE FRANÇAISE

60. Diane et Calisto. A l'encre de chine.

H. 205. L. 175.

61. Sommeil de la Nymphe. A l'encre de chine.

H. 264. L. 205.

61 *bis*. Sous ce numéro, il sera vendu 4 boites anciennes de forme ronde, ornées de paysages et sujets champêtres (une montage or et écaille, avec double sujet) et 4 gouaches encadrées, entourage cuivre. *Ce numéro sera divisé.*

## ÉCOLE HOLLANDAISE (XVIIe siècle)

62. Personnages au bord de la mer. Deux dessins formant pendants.

63. Les Pélerins d'Emmaüs. A la sépia avec rehauts de blanc.

64. Jeune Garçon. Crayon.

## ÉCOLE ITALIENNE (XVIIe siècle)

65. Etude d'homme prosterné. A la sépia.

## ÉCOLE ITALIENNE (XVIII^e siècle)

66. La Nativité. Plume et encre de chine.

L. 367. H. 303.

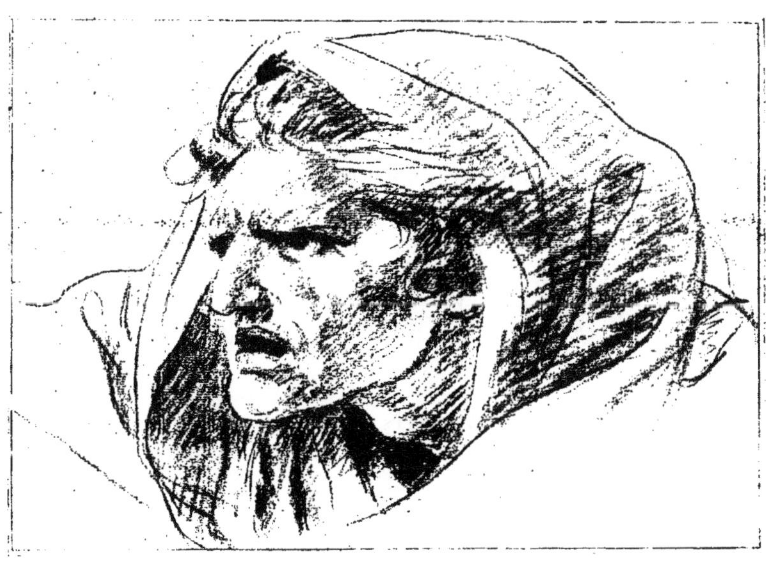

N° 43 du Catalogue.

## NORBLIN (J.-P.)

67. Le Cabaret — Les Soldats au village. Deux dessins à la sépia.

L. (de chaque dessin) 270. H. 183.

## GUYS (Constantin)

68. Ces Dames au salon. Plume et encre de chine.

L. 250. H. 177.

69. Etoiles de bal public. A l'encre de chine.

L. 274. H. 188.

70. Une Cocotte. A l'encre de chine.

H. 337. L. 210.

---

## LANFRANC (J.)

71. L'Ascension. A la plume, lavé de sépia bleue. Signé.

H. 185. L. 135.

72. Deux Ecclésiastiques en prières. A la sanguine,

H. 268. L. 206.

## LA RUE (De)

73. Bacchanale. Plume et sépia.

L. 418. H. 345.

## LEBRUN (Charles)

74. La Nativité. Crayon noir avec rehauts de blanc.

H. 290. L. 200.

## MAES (G.)

75. La Ménagère. A la sépia. Collection J.-C. Richardson.

L. 200. H. 145.

## MAES

76. Pégase. A la plume, lavé d'encre de chine.

H. 162. L. 123.

## MARIA (Franç. di)

77. La Vierge des Sept douleurs. Crayon sépia et sanguine, avec rehauts de blanc.

H. 300. L. 205.

## MEYER (F.)

78. Les Bûcherons (paysage d'hiver). Plume et encre de chine.

L. 163. H. 140.

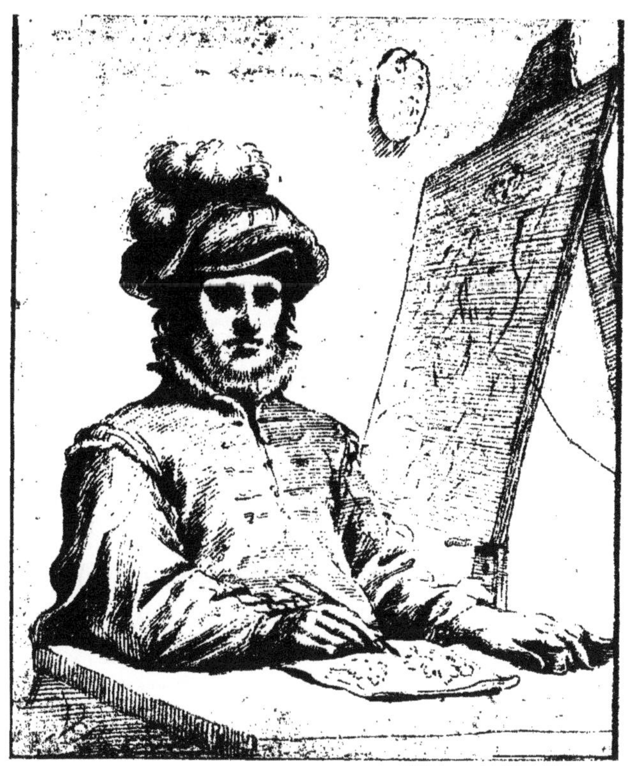

N° 47 du Catalogue.

## MOUCHERON (I.)

79. Une Terrasse. Crayon avec rehauts de blanc.

H. 552. L. 398.

80. Les Vestiges antiques. Sépia et encre de chine.

L. 385. H. 260.

MURILLO (Attribué à Esteban)

81. Le Moine et le Pélerin. Crayon et sépia. Inscription en marge.

H. 208. L. 167.

OSTADE (Adr. van)

82. L'Heureux ménage. A la plume, lavé de bistre et d'encre de chine.

H. 160. L. 161.

OSTADE (École d'Isaac van)

83. Scène de tabagie. Plume et sépia, *signée.*

L. 233. H. 159.

PANINI (J.-B.)

84. Réunion de personnages au milieu de ruines antiques. Encre de chine et sépia, avec légers rehauts.

L. 355. H. 230.

PARMESAN (F. Mazzueli, dit le)

85. Le Baptême du Christ. Crayon lavé de sépia et rehaussé de blanc.

H. 305. L. 215.

PEYRON (P.)

86. Scène de l'Histoire ancienne. A la plume, lavé d'encre de chine.

L. 360. H. 220.

POUSSIN (Nicolas)?

87. Sujet religieux. A la sépia. Collection Valory.

H. 360. L. 220.

### POUSSIN (Guespre Dughet, dit)

88. Paysage d'Italie, de vaste étendue. Encre de chine et sépia avec rehauts.

L. 537. H. 305.

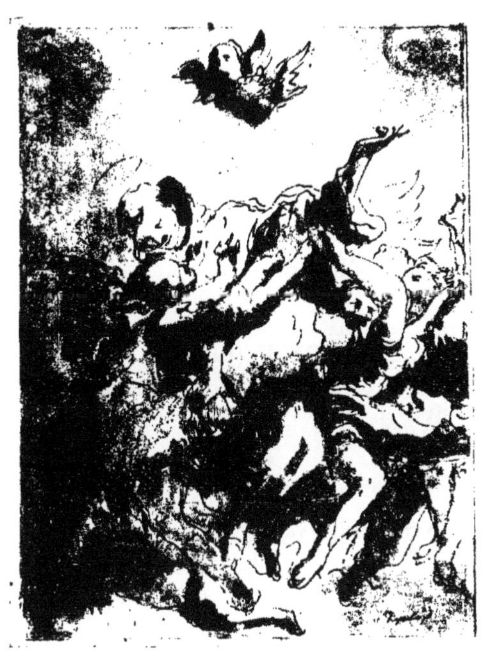

N° 108 du Catalogue.

### PRIMATICE (École du)

89. Scène mythologique. A la sépia.

L. 465. H. 305.

### QUAST (Peter)

90. La Liseuse. Crayon sur vélin.

H. 148. L. 114.

91. Etude d'homme. A la pierre noire.

H. 257. L. 168.

## REMBRANDT VAN RIJN (École de)

92. Abraham renvoyant Agar. A la sépia.

L. 246. H. 172.

93. Jésus guérissant les paralytiques. A la sépia.

L. 265. H. 178.

94. Jésus et la Samaritaine. A la sépia.

L. 222. H. 186.

95. Un Philosophe. Plume et sépia.

H. 180. L. 145.

## RESTOUT (Jean)

96. Scène de la vie de Moïse. Crayon, sépia et sanguine.

L. 523. H. 370.

## REYNOLDS (sir Joshua)

97. Les Musiciens. Deux petits dessins à la sépia, se faisant pendants.

H. (de chaque dessin) 115. L. 59.

## RICCI (Sébastiano)

98. L'Assomption de la Vierge. A la sépia.

H. 425. L. 310.

## ROSA (Attribué à Salvator)

99. Scène mythologique. A la plume, lavé d'encre de chine.

L. 355. H. 330.

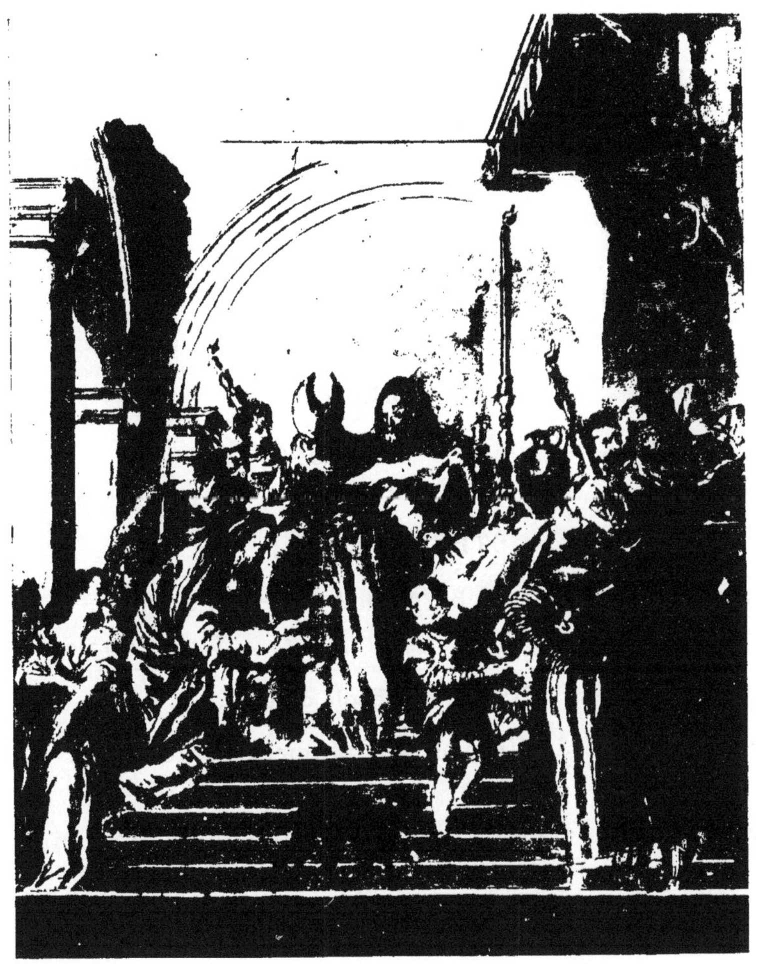

N° 110 du Catalogue.

**RUBENS** (Attribué à P.-P.)

100. La Chute des réprouvés. Crayon et sépia avec rehauts de gouache.

H. 528. L. 380.

### SABATTINI (Lorenzo)

101. Le Christ adoré par des Saints. Plume et sépia. Collection Richardson.

H. 300. L. 270.

### SALVIATI

102. L'Homme portant une manne. A la plume, lavé de bistre.

H. 360. L. 250.

### SNAYERS (P.)

103. Paysage. Plume et sépia. *Signé.*

L. 200. H. 145.

### STELLA (Jacques)

104. L'Adoration des Bergers. A la sépia. *Signé.*

L. 308. H. 220.

### TÉNIERS (Ecole de D.)

105. La Noce de Village. A la plume, lavé de bistre.

L. 237. H. 157.

106. Divertissement de Singes. Crayon, lavé de sépia.

L. 290. H. 185.

### TÉNIERS (D'après David)

107. La Danse au village. Aquarelle gouachée.

L. 200. H. 90.

### TIEPOLO (J. B.)

108. S^t Antoine de Padoue tenant l'Enfant Jésus, est enlevé au Ciel. Plume et sépia. *Signé.*

H. 243. L. 175.

109. Variante du même sujet. Plnme et sépia. *Signé.*
H. 228. L. 156.

## TIEPOLO (Domenico).

110. La Vierge présentée au Temple. A la sépia. *Signé.*
H. 450. L. 350.

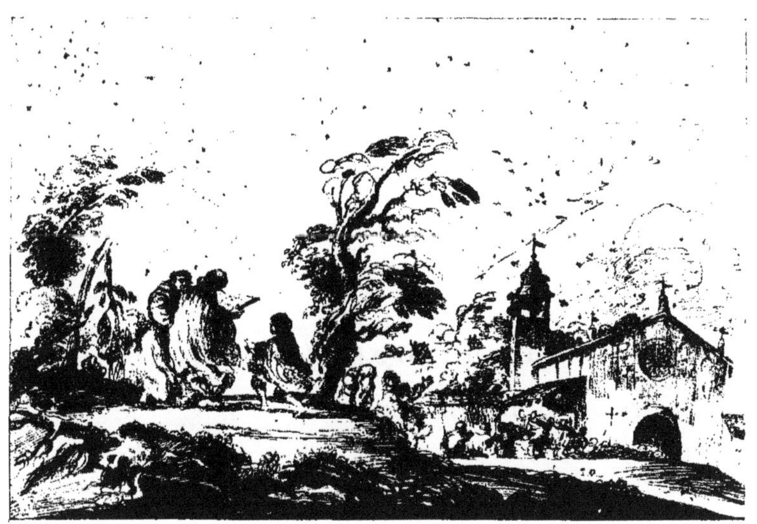

N° 48 du Catalogue.

111. Ascension d'une Sainte. A la plume, lavé de sépia.
H. 257. L. 187.

112. Le Bon Samaritain. A la sépia.
H. 445. L. 340.

113. Feuille de croquis à la sépia. *Signée.*
H. 235. L. 180.

## TINTORET (attribué au)

114. St François. A la plume.
H. 212. L. 158.

### TITIEN (le)

115. Le Prophète Elie. A la plume. Collections d'Argemont et Haro.

H. 500. L. 355.

### TITIEN (attribué au)

116. Jésus couronné d'épines. Plume et sépia.

H. 298. L. 245.

117. Le Christ à la colonne. A la plume.

H. 382. L. 210.

### TORRES (Clément de)

118. La Fuite en Egypte. Encre de chine et sépia. *Signé.*

H. 220. L. 190.

### VEROCCHIO (Andreas)

119. Quatre Amours. A la plume.

H. 148. L. 123.

### VÉRONÈSE (Paolo Caliari, dit le)

120. L'Adoration des Mages. A la plume, lavé de sépia.

H. 255. L. 183.

### VOS (attribué à Martin de)

121. Quatre scènes de la Bible sur une même feuille. Plume et sépia.

H. 203. L. 190.

### WATERLOO (Ant.)

122. La Chaumière entourée d'arbres. Crayon noir avec rehauts de blanc, sur papier bleu.

L. 405. H. 287.

## WYNANTS (attribué à J.)

123. Le Pont-levis. A l'encre de chine, *signé*.

L. 345. H. 280.

## ECOLE ALLEMANDE

124. Sujet biblique. A la plume.

L. 410. H. 275.

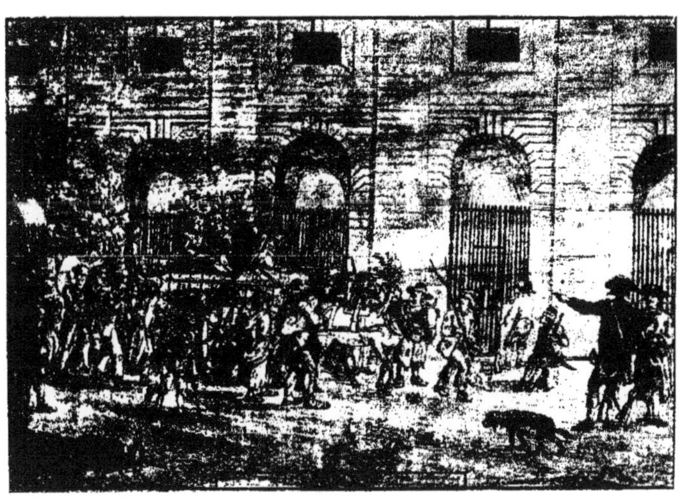

N° 56 du Catalogue.

## ECOLES ANCIENNES

125. Les Laveuses. Plume et encre de chine.

L. 290. H. 172.

126. La Grange. A l'encre de chine.

L. 270. H. 145.

127. Paysage. A la sépia. Collection Valory.

L. 395. H. 258.

128. Un Philosophe. A la sépia.

H. 174. L. 112.

129. Etude de femme assise. Plume et sépia.

H. 230. L. 153.

## ECOLE FLAMANDE (XVIe siècle)

130. Le Massacre des Innocents. Plume et sépia.

L. 395. H. 280.

131. Paysage. Plume et sépia.

L. 279. H. 202.

132. La Moisson. Deux dessins à la plume, lavés de lavis de bleu.

133. Fidèle vénérant les corps de deux évêques. A l'encre de chine, avec rehauts de blanc.

H. 290. L. 230.

## ECOLE FRANÇAISE (XVIIe siècle)

134. Saint en prières. Plume et encre de chine.

H. 212. L. 142.

## ECOLE FRANÇAISE (Comm[t] du XVIIIe siècle)

135. Etude d'apôtre. A la sanguine.

H. 320. L. 245.

## ÉCOLE FRANÇAISE (XVIIIe siècle)

136. Scène de l'Histoire romaine. Sépia avec rehauts de gouache.

H. 403. L. 328.

## ÉCOLE HOLLANDAILE (XVIIe siècle)

137. Les Paysans joyeux. Plume et encre de chine.

L. 332. H. 240.

138. Paysage. Plume et sépia.

L. 158. H. 110.

## ECOLES ITALIENNES (XVIe et XVIIe siècles)

139. Repos de la Ste Famille. A la sépia.

L. 320. H. 204.

140. Salomon adorant les Idoles. A la plume, lavé de sépia.

L. 325. H. 242.

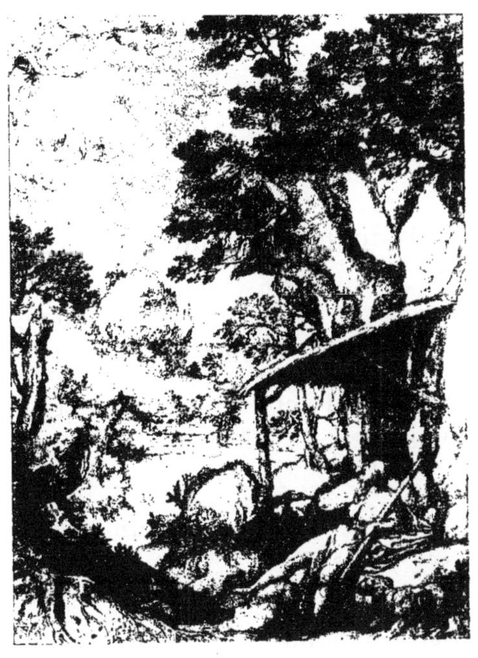

N° 115 du Catalogue.

141. Dieu le père apparaissant à Abraham. Plume et sépia avec rehauts d'aquarelle.

L. 480. H. 193.

142. La Nativité. Plume et sépia.

H. 388. L. 232.

143. Cérémonie d'un Sacre. Sépia et encre de chine.

L. 415. H. 278.

144. L'Adoration des Mages. A la plume, lavé de sépia.

H. 205. L. 170.

145. La Vierge adorée par trois religieux. Plume et sépia avec légers rehauts de blanc.

H. 378. L. 202.

146. L'Adoration des Mages. A la plume.

H. 270. L. 192.

147. Buste de jeune femme. Aux trois crayons.

H. 250. L. 205.

148. S^te^ Famille. A la sanguine.

H. 200. L. 196.

149. La Vierge de douleurs. Plume et sépia avec rehauts de blanc.

H. 265. L. 210.

150. La Fuite en Egypte. Plume et sépia.

151. Jésus apparaissant à un religieux. A la plume, lavé de sépia.

H. 300. L. 270.

152. La Vierge entre S^t^ Michel et un religieux. A la plume, lavé de sépia.

H. 165. L. 123.

153. Le Paradis. A la sépia.

L. 770. H. 490.

154. S^te^ Famille. A la plume, lavé de bistre.

H. 245. L. 177.

155. Saint Ambroise. Plume et sépia.

H. 143. L. 95.

156. Prédication de S^t^ Jean. Plume et encre de chine, avec rehauts de gouache.

H. 302. L. 220.

157. La S^te^ Famille servie par les Anges. A la sépia.

H. 400. L. 280.

## ÉCOLE ITALIENNE (XVIII^e^ siècle)

158. Composition allégorique pour plafond. A la plume, lavée d'aquarelle. De forme ronde.

Diam. 330.

159. Projet de crèche pour une église. Plume, encre de chine et sépia.

H. 425. L. 250.

160. La Madeleine pénitente. A la plume.

H. 205. L. 172.

161. Sous ce numéro, il sera vendu plusieurs dessins omis au Catalogue.

FRAZIER-SOYE, Grav.-Imp. — Paris.

www.ingramcontent.com/pod-product-compliance
Ingram Content Group UK Ltd.
Pitfield, Milton Keynes, MK11 3LW, UK
UKHW020517180726
13839UKWH00005B/2135